LA

REPRÉSENTOCRATIE

SAINT-DENIS. — IMPRIMERIE J. BROCHIN.

LA
REPRÉSENTOCRATIE

PAR

PAUL BRANDAT

> Vox clamans in deserto.
>
> Insensés ! qui croyez sur la foi de ces perfides, que vous pourriez changer ce gouvernement, qui ne vous déplaît que parce qu'il est vôtre, comme on change une décoration théâtrale, calculez au moins ; sachez qu'il faut mille fois moins d'efforts aujourd'hui pour conserver votre constitution, pour l'améliorer, pour en tirer tout ce qu'il y a de bon et de désirable parmi les hommes, qu'il ne faudrait de sacrifices, de larmes, de crimes et de ravages pour en établir un autre ! Et maintenant, dénigrez la République, appelez la guerre civile, applaudissez aux conspirateurs !
>
> *(Rapport de* JEAN DEBRY, *sur la conspiration royaliste du 12 pluviôse an V.)*

PARIS

SANDOZ ET FISCHBACHER, ÉDITEURS

33, RUE DE SEINE ET RUE DES SAINTS-PÈRES, 33

—

1874

LA REPRÉSENTOCRATIE

Sénart, agent du Comité de sûreté générale, après avoir tracé le sombre tableau des confiscations et des assassinats juridiques exécutés par les représentants en mission, flétrit leur cruel délire par le nom de REPRÉSENTOCRATIE.

Jean-Bon Saint-André, *le représentocrate,...* nous dit Sénart, en nous contant l'histoire d'une cargaison qu'il l'accuse d'avoir volée.

L'homme reste au fond le même sous les apparences diverses imposées par les événements. Aussi, quand, détournant les regards du sang versé, nous nous contentons d'analyser les ridicules des tyrans de 93, nous trouvons les grotesques prétentions de nos représentocrates du jour.

Dans l'une et l'autre assemblée, même mépris de la volonté générale, même tendance à prendre sa fantaisie pour règle, même outrecuidance du délégué se substituant au souverain, même dédain des hommes, des mœurs, des nécessités du temps; l'une et l'autre entendent bien pétrir à leur guise l'argile populaire.

Conventionnels et députés ont pris à la lettre, avec le même sérieux comique, le nom de *Pasteurs des peuples*. Seulement, il est juste de l'avouer, si les bouchers de 93 égorgeaient leurs moutons, les bergers de 71 se contentent de les tondre.

Saint-Just ne doutait pas de son droit de condamner les Français à la « trappe politique » (1) et de mettre nos estomacs au régime du brouet lacédémonien. Tel député n'est pas moins convaincu de son droit d'enfermer la France dans un monastère.

Fouché, dans ses missions, commençait, en arrivant dans une ville, par réquisitionner pour sa table deux cents bouteilles du meilleur vin. Quoi de plus logique : puisque la personne de l'exprêtre avait l'inappréciable avantage de représenter le peuple, avait-il si grand tort de pousser jusqu'à l'idolâtrie le culte du peuple incarné dans son estomac sacro-saint ?

L'idée cachée sous ce mot *représentant du peuple*,

____

(1) Saint-Just aspirait à faire de nous des trappistes politiques, dit le conventionnel Baudot.

de physionomie si démocratique, contient en germe le despotisme le plus effréné.

Le peuple est souverain, donc son représentant est souverain.

Souveraineté, c'est infaillibilité.

En un tour de scrutin, le Représentant devient infaillible et souverain ; sur son front d'élu, il cumule la couronne et la tiare.

La démocratie cotoie de bien près la tyrannie ; malheur aux peuples qui s'illusionnent à cet égard !

Aujourd'hui l'expression *représentant du peuple* n'a plus cours ; de fossiles admirateurs de la Convention voudraient en vain le remettre à la mode. Mais nos esprits se sont-ils purgés du dogme superstitieux de la représentation ?... Souverain comme son prédécesseur, si le député de nos jours ne s'attribue plus un droit absolu sur la fortune et la vie des citoyens, n'entend-il pas disposer de la nation en masse comme de sa chose ?... Le député ne traite-t-il pas aussi cavalièrement les libertés publiques que le conventionnel les libertés individuelles ?

C'est que, il faut bien bien l'avouer : l'électeur s'imagine déléguer au député sa partie de souveraineté, comme le député croit recevoir cette souveraineté des mains de l'électeur.

Dès que la souveraineté est confiée à une assemblée, la marche vers la représentocratie est fatale.

Tout d'abord cette assemblée, soi-disant souveraine, devient l'humble sujette de sa propre majorité.

Le premier pas est fait... Calhoun, sénateur de la Caroline du Sud, l'un des plus éminents publicistes des États-Unis, nous peint, dans une œuvre déjà vieille, la tendance dès lors irrésistible de toute assemblée vers la tyrannie. On croirait lire un *premier Paris* du jour, je cite en abrégeant :

« Une majorité maîtresse se conduira comme un pouvoir irresponsable ; et, de tous les pouvoirs irresponsables, le plus irresponsable est une majorité qui cumule en un seul égoïsme les égoïsmes de tous ses membres.

« La crainte incessante de la majorité de tomber à l'état de minorité la rend ombrageuse, implacable, et la pousse à ne reculer devant aucun moyen pour conserver sa domination.

« Le droit de suffrage ne suffit donc pas, par lui-même, à arrêter le gouvernement dans son inévitable tendance à l'oppression.

« Si l'un des intérêts ne peut obtenir à lui seul la majorité, il se liguera avec les moins dissemblables. Cette coalition mettra plus ou moins de temps à se former, mais elle est fatale.

« La majorité, sous peine de se dissoudre, doit s'astreindre à une discipline sévère ; force lui est donc de se soumettre à une majorité de second ordre formée dans son sein ; celle-ci jouit seule de la puissance. Ce gouvernement, si pompeusement appelé gouvernement de la majorité, est donc, en fait un *gouvernement de minorité.*

« Quand la cupidité portera l'excitation au comble, la direction tout entière passera aux mains de quelques meneurs. A cette phase, les principes sont mis de côté, toutes les armes sont bonnes : calomnie, mensonge, appel aux passions les plus basses.

« Comme la faction régnante ne pourra assouvir tous les appétits, elle sera bientôt abandonnée d'une partie des siens : le peuple, fatigué de ces oscillations incessantes, cherchera le repos à l'ombre du despotisme.

« La domination de la majorité est toujours un appel à la force; l'appel à la force entraîne la subalternisation du pouvoir civil au pouvoir militaire; la tendance du pouvoir militaire est de se concentrer dans les mains d'un seul. »

Voilà, certes, une prophétie dont la précision ne laisse rien à désirer. Tout mot porte coup; toute pensée trouve, dans notre situation présente, son application immédiate.

C'est qu'il existe une science politique comme il existe une science astronomique.

C'est que nos volontés libres sont gouvernées par des lois générales. Nous prenons nos déterminations en liberté, leurs conséquences sont fatales.

LA CONSTITUANTE.

Le virus de la représentocratie n'infecta point la Constituante, cet immortel concile de la raison. Deux circonstances particulières la prémunirent contre ce vice odieux et ridicule.

1° La nécessité de compter avec une souveraineté établie, celle du Roi. Occupés à ruiner un despotisme antagoniste, les constituants ne purent établir le leur; dans leur lutte violente contre un pouvoir très-fort, ils durent chercher un appui dans la nation;

2° Le mandat impératif.

Les députés du tiers, de la noblesse et du clergé furent tous nommés en vertu du principe, si singulièrement calomnié aujourd'hui, du mandat impératif. Il serait puéril de le nier, les fameux *cahiers* de 89, notre plus grande gloire nationale, c'est le mandat impératif dans toute sa pureté, dans toute sa plénitude.

Les électeurs, rassemblés en petits groupes, rédigeaient des cahiers dans lesquels ils déposaient leurs vœux et leurs plaintes; puis on procédait *au dépouillement de ces cahiers*, pour résumer en un seul toutes les volontés et doléances. Le constituant ne fut en théorie qu'un *porteur de cahiers*. Le peuple ne déléguait rien de sa souveraineté, il choisissait un habile avocat pour défendre une cause très-précise.

L'opposition de la couronne (plus tard la fuite à Varennes) contraignit, il est vrai, les constituants à saisir de leurs propres mains les rênes du gouvernement. Ce fut un malheur dont toute la responsabilité incombe à la cour, malheur qui fut l'origine de tous les autres.

Mais si la Constituante s'empara de la souveraineté, ce fut à contre-cœur; ses tendances étaient autres.

Aussi la noble assemblée n'oublia jamais le sens originel de son élection. Ses membres ne cessèrent de se regarder comme des *mandataires*. On est frappé de ce fait à la lecture des écrits du temps, où l'on trouve à toute ligne les mots *mandat, mandataire, mandant*.

L'expression de *mandataire* n'entre pas dans la langue du peuple; celle de *mandant* a disparu du vocabulaire.

Cependant il existe un abîme entre l'*électeur* et le *mandant*.

En choisissant un homme pour le représenter, l'électeur confère la toute puissance; le mandant confie un plaidoyer.

La Représentation est une chimère ou une duperie.

Est-il possible de se faire représenter?

N'est-il pas, en revanche, élémentaire de remettre un mandat précis?

Peut-on savoir si, deux mois après son élection, un député représente encore son département?

N'est-il pas, au contraire, très-simple de remettre sous les yeux du mandataire infidèle le mandat signé de sa propre main ?

On comprend la haine de la droite contre le mandat impératif; de ce côté, ce mot sonne à mainte oreille comme un reproche de trahison. Combien de ses membres, nommés à la condition formelle d'établir la République, se sont déclarés monarchistes le lendemain de leur élection ?

Il faut bien aujourd'hui calomnier le mandat impératif pour se blanchir de son parjure.

Si nous voulions citer des noms, nous aurions l'embarras du choix parmi les plus illustres de l'ordre moral. Doit-on s'étonner de l'indignation contre le mandat impératif de ces grands moralisateurs, qui ont si bien pratiqué le premier droit du représentant : celui de se moquer du peuple ?

Qu'on accuse le mandat impératif d'être souvent illusoire, qu'on lui reproche ses difficultés de mise en pratique... fort bien; il prête le flanc à nombre d'objections sérieuses. (Plus tard nous chercherons ses meilleures conditions d'exercice.) Mais l'interdire par une loi, intervenir dans le contrat passé entre l'électeur et son délégué, déclarer le mandat impératif cas d'invalidation électorale... est une outrecuidance bien digne de

représentants ouvertement résolus à ne plus
représenter qu'eux-mêmes.

LA CONVENTION.

L'expérience, d'accord avec la théorie, nous
démontre : Qu'une assemblée unique, souveraine,
sans mandat déterminé, est le plus exécrable et
le plus despotique des pouvoirs.

La Convention nous en fournit une preuve irré-
fragable.

Comment une délégation de pouvoirs sans opposition, sans contrôle, sans limite, n'engendre-
rait-elle pas la tyrannie en donnant à chaque
représentant l'idée la plus étrange de son rôle et
de la valeur de sa personnalité.

Voici, je suppose, une chambre de 749 représentants :

374 ont voté la restauration de la monarchie
légitime ;

374 ont voté pour l'établissement de la République ;

Royalistes et républicains ont d'ailleurs hautement déclaré leur ferme volonté d'infliger au
pays un gouvernement de leur crû à une voix de
majorité.

Trouvez-vous un pouvoir comparable à celui de ce 749e représentant.

Le comte de Chambord « armé de la cuirasse de la foi et du casque de l'espérance », l'étendard de Jeanne d'Arc à la main, attend avec un saint respect la décision de ce nouveau Warwick...

D'un seul mot cet homme, hier modeste charcutier peut-être, efface 89 de nos annales ou transporte la France au delà de l'Atlantique.

Près de ce charcutier, Louis XIV, Innocent III lui-même, étaient de piètres sires.

Et vous voulez qu'une telle puissance confiée du jour au lendemain à un pauvre diable, qui la veille régentait à peine une servante, ne le rende pas absolument fou ?

Les actes des Carrier, Le Bon, Collot d'Herbois... ne doivent en rien surprendre. Si la représentocratie aboutit pour le pays à l'oppression la plus dure, elle condamne le représentant à l'aliénation mentale. Nul, homme ou assemblée, ne peut impunément pratiquer le pouvoir absolu; s'il évite l'écueil du sang, il se brisera sur le rocher de la bêtise.

A Bordeaux, Tallien vit en satrape et promène triomphalement la Cabarus avec le cérémonial d'un roi... Pourquoi pas ? Est-il de trop grands honneurs pour le représentant et son auguste maîtresse?... Découvrez-vous, manants!... C'est le peuple souverain qui passe.

Dans le boudoir de la Cabarus, on rachetait à

prix d'or la tête des accusés,... c'étaient les épingles de la citoyenne représentante.

Personne dans la Convention n'ignorait les crimes de Tallien, mais pouvait-on peiner un collègue ?... Il eût fallu avoir l'esprit mal fait pour ne point le laisser rançonner ou tuer quelques simples représentés... on livrait ainsi sciemment l'une de nos grandes villes à la rapacité de ce brigand ; Robespierre, le puritain, « aimait mieux cela que de le voir intriguer à la Convention. »

Carrier égorge Nantes ; on l'y laisse dans la crainte de renforcer à Paris le parti des hébertistes.

Le Comité expédie en mission dans les départements et les armées les conventionnels gênants.

Effusion du sang et concussions à part, — n'est-on pas conduit par la même pensée, quand on donne le gouvernement de l'Algérie à tel député dont la présence à la Chambre serait un embarras, ou quand on achète les complaisances de tel autre par une ambassade ?

En 93, entre représentants on se cédait des têtes ; aujourd'hui entre ami de la droite on tripote de sinécures et d'émoluments : places de préfets ou de gardes-champêtres, bureaux de tabac ou recettes générales... sous prétexte d'assainissement de la France — but également poursuivi par les hommes de la Terreur — les honnêtes gens de l'ordre moral se sont attribué le partage de toutes les situations imaginées par notre fonctionnomanie et par les besoins de corruption de nos gouvernements.

La *vertu* de Robespierre est la sœur de l'*ordre moral* de M. de Broglie.

Robespierre partage la nation en deux classes, les *moraux* et les *immoraux*; M. de Broglie la divise en *honnêtes gens* et en... républicains.

La Convention *mit la vertu à l'ordre du jour.*

L'Assemblée a décrété l'*ordre moral.*

L'Assemblée a aussi bien réussi dans ses tentatives d'ordre moral que la Convention dans ses essais de vertu.

Quand Robespierre veut arracher une loi « populicide » (1), il sort de son étui l'inévitable *conspiration de l'étranger;* quand M. de Broglie désire faire passer quelque mesure liberticide, il embouche sur ses pipeaux académiques l'éternel refrain du *péril social.* L'un et l'autre n'ont qu'un air. Peu d'esprit d'invention, c'est en secouant toujours le même mannequin, qu'à l'aide de leurs compères, ils effrayent chaque jour à nouveau les imbéciles...

De part et d'autre même bonne foi : la Convention croyait à la conspiration de l'étranger comme l'Assemblée au péril social.

La Convention n'osait désobéir à Robespierre,

____

(1) Mot fort en vogue après le 9 thermidor.

tout en méprisant *ses âneries*, comme disait Danton.

L'Assemblée, sur un geste de M. de Broglie, passerait par un trou de serrure ; personne ne s'illusionne cependant sur la nullité de ses conceptions.

Robespierre, en dépit de nos mœurs, voulait imposer à la France laborieuse le régime des fainéantes petites cités à esclaves de la Grèce. La monomanie non moins étrange de M. de Broglie fut d'abord d'acclimater sur notre sol démocratique la domination des *classes dirigeantes*, sous la forme d'une monarchie constitutionnelle orléaniste... Rendons justice à son jugement : Bientôt il s'aperçut que le parti orléaniste est un état-major sans armée ; en homme pratique, il se fit le serviteur de l'empire.

Quelle est la plus impuissante des deux assemblées : celle qui ne constitue pas, ou celle qui rédigea en quelques jours une constitution inapplicable et inappliquée ?

Demander l'exécution de la Constitution de 93 fut un forfait aux yeux de la Convention, comme demander l'établissement d'une constitution définitive est une action impardonnable aux yeux de l'Assemblée. Mettre un terme par du définitif au règne des représentocrates !... Un tel crime méritait la mort... On le fit bien voir aux hébertistes. Leur folie sanguinaire fut, il est vrai, le prétexte de leur condamnation. — Singulier prétexte dans la bouche de Robespierre, le patron de Fouquier-Tainville, le protecteur d'Hermann et de Dumas, le promoteur des lois de prairial,—la cause réelle fut leur prétention de mettre un terme à la représentocratie conventionnelle, à laquelle ils espéraient succéder par l'application de la Constitution de 93.

Jamais assemblées ne professèrent plus hautement le culte des libertés locales ; toutes deux s'accordent à les considérer comme le fondement nécessaire des grandes libertés publiques. Oh, les enragés décentralisateurs en théorie !... La première n'en broya pas moins les localités sous le despotisme du comité de salut public, la seconde sous l'arbitraire de l'état de siége et l'omnipotence des préfets.

La Convention conduisit la France à l'empire par l'anarchie matérielle, l'Assemblée restaure aujourd'hui l'empire par l'anarchie morale.

La Convention, si terrible pour le pauvre monde, était la très-humble servante des Jacobins ; l'Assemblée est aux ordres d'une autre société, qui, malgré la différence de but, n'en est pas moins fort analogue à la première.

Quand on confie à un homme un pouvoir sans limites, on court le risque d'en faire un Néron. Une assemblée sans frein est placée entre le délire sanguinaire de la Convention et l'imbécillité tracassière de l'ordre moral.

La tyrannie représentocratique est un régime

tellement insupportable, tellement ennemi à la fois de tout ordre et de toute sécurité, qu'elle conduira toujours à regarder comme un bienfait la tyrannie d'un seul.

CONSTITUTION.

Les publicistes l'ont établi depuis longtemps : Il faut une *constitution* pour brider les assemblées, pour les arrêter dans leur transformation en représentocraties.

Mirabeau présentait comme solution un roi armé du *veto*.

Si, pour contenir la représentation, il n'est point un roi armé du *veto*, j'aimerais mieux, disait ce grand homme, vivre à Constantinople qu'à Paris.

Il prévoyait la Convention et l'Assemblée de 1871.

Seulement Mirabeau montra peu de clairvoyance, quand il ne sentit point que le dualisme dans les pouvoirs aboutit fatalement à un duel à mort.

Les Girondins se proposèrent de refréner la représentocratie par la censure populaire, laquelle censure est consacrée par le Titre VIII de la Constitution avec cet en tête significatif :

De la censure du peuple sur les actes de la Représentation nationale et du droit de pétition.

La procédure repose sur le vote à deux degrés rejeté par la démocratie moderne :

« Article 1er. Lorsqu'un citoyen croira utile ou nécessaire d'exciter la surveillance des représentants du peuple sur des actes de constitution, de législation ou d'administration générale... il aura le droit de requérir le bureau de son assemblée primaire, de la convoquer au jour de dimanche le plus prochain pour délibérer sur sa proposition...

Art. 6. Au jour indiqué, le scrutin sera ouvert par *oui* ou par *non* sur la question : Y a-t-il ou n'y a-t-il pas à délibérer ?

Art. 7. Si la majorité des votants est d'avis qu'il y a lieu à délibérer, le bureau sera tenu de requérir la convocation des assemblées primaires, dont les chefs-lieux .sont situés dans l'arrondissement de la commune...

Art. 10. Si la majorité des votants dans les assemblées primaires de la commune déclare qu'il y a lieu à délibérer sur la proposition... le bureau requerra l'administration de convoquer les assemblées primaires du département... »

L'administration du département porte ensuite la proposition au Corps législatif ; si le Corps législatif y fait droit, l'affaire est terminée.

Si la proposition, après avoir été rejetée par le Corps législatif, est appuyée par un second département, le Corps législatif est obligé de consulter les assemblées primaires de toute la République.

On le voit, la théorie girondine remet entre les mains de tout citoyen ce droit de *veto* confié par la Constituante au Roi seul, puisque tout citoyen a le droit d'en appeler aux comices contre tout acte de la représentation.

La Constitution de 93 « (rédigée en six jours par six jeunes gens) » nous offre contre la représentocratie les topiques suivants :

1° Le droit d'insurrection ;

2° La législation directe.

Déclaration des droits de l'homme et du citoyen.

35. Quand le gouvernement viole les droits du peuple, l'insurrection est pour le peuple et pour chaque portion du peuple le plus sacré des droits et le plus indispensable des Devoirs.

ACTE CONSTITUTIONNEL.

De la souveraineté du peuple.

10. Il délibère sur les lois.

De la formation de la loi.

58. Le projet est imprimé et envoyé à toutes les communes de la République, sous ce titre : *Loi proposée.*

59. Quarante et un jours après le renvoi de la loi proposée, si, dans la moitié des départements plus un, le dixième des assemblées primaires de chacun d'eux, régulièrement formées, n'a pas réclamé, le projet est accepté et devient loi.

60. S'il y a réclamation, le Corps législatif convoque les assemblées primaires... »

Quand on admet le droit d'insurrection, il est inutile de se mettre en grands frais d'imagination pour organiser un pouvoir... afin de le renverser.

La législation directe des Montagnards, comme la censure girondine, a le tort impardonnable de supposer un peuple vivant de politique et non de travail; on n'a jamais vu pousser un épi sur le forum.

D'une part, il faut travailler, vivre dans son intérieur, élever sa famille; de l'autre, il ne faut pas abandonner ses destinées entre les mains d'un pouvoir irresponsable.

Nous n'avons pas d'esclaves comme les Athéniens, nous ne pouvons passer notre vie sur l'Agora. Livrer, comme le demande le paysan normand, l'existence nationale à un Empereur, sous prétexte qu'à l'ombre du despotisme les honnêtes gens vivent sans souci, c'est osciller sans cesse de Waterloo à Sedan.

LES DEUX CHAMBRES.

Dans le bon temps, de courte durée, où les administrés nommaient leurs maires, je fis rencontre d'un bon paysan breton qui se rendait au scrutin.

— Comment, lui dis-je, quand il me montra son bulletin, marque de confiance extrême en un campagnard, vous votez pour un homme que le curé déteste!... et déteste en curé !...

— Ah! voyez-vous, me répondit l'homme des champs, nous ne sommes jamais si tranquilles que quand le maire et le curé se disputent.

Le brave homme me donnait en deux mots la théorie du gouvernement constitutionnel.

Chacune des deux chambres voit dans l'autre un ennemi ou tout au moins un rival; aucune d'elles ne se sent assez forte pour braver impunément la volonté nationale. Chacune d'elles sent le besoin de s'appuyer sur un grand intérêt public; celle-ci, ordinairement, représentera surtout les intérêts conservateurs, celle-là, les tendances progressistes. Le rôle de ces deux branches du Parlement est également utile, car le progrès est dans l'ordre des choses nécessaires ; mais, pour être définitif, tout progrès doit être graduel.

La chambre haute, pour contenir la tendance fatale de l'Assemblée populaire vers la tyrannie, doit jouir d'un grand prestige aux yeux de la nation et d'une indépendance absolue vis-à-vis de l'exécutif. A ces deux conditions seulement elle pourra remplir sa double fonction : arrêter les entraînements de la représentation populaire, prévenir les conflits entre l'exécutif et le législatif.

M. de Broglie veut un Sénat nommé par l'exécutif contre tous les principes, émanation du pouvoir, reflet du monde officiel. A quoi bon cette hypocrisie ?... mieux vaut encore la franche dictature de l'heure présente. A côté de ce Grand Conseil, gras et nul comme le Sénat de l'empire, l'illustre *fondateur* de l'ordre moral place une chambre populaire impuissante, soumise aux volontés de l'exécutif sous peine de dissolution. Mais la nation ne se lasserait-elle pas de ne voir sa représentation soufferte qu'à la condition de se résigner au rôle d'instrument passif? Après l'essai de l'empire, un pouvoir exécutif tout puissant, un sénat servile, une chambre sans voix, est-ce bien le dernier mot de la sagesse humaine?... L'idéal consiste-t-il dans une assemblée placée dans l'alternative d'enregistrer les fantaisies de l'exécutif ou d'être étranglée? Est-ce sérieux de dire à un grand pays : Je consens à te consulter, mais à cette condition expresse que tu seras toujours de mon avis.

Trouvera-t-on jamais une majorité pour *consti-*

tuer une pareille mystification ? Non !... cent fois non !... plutôt un provisoire de sept ans.

Le seul gouvernement constitutionnel à deux chambres conformes à nos mœurs, en rapport avec nos besoins, a pour bases :

1° Un Président de la République élu par le Sénat et la Chambre des députés réunis en congrès ;

2° Un Sénat annuellement élu par les conseils généraux des départements ;

3° Une assemblée élue par le suffrage universel direct, au scrutin de liste, et renouvelée par des élections partielles.

On peut critiquer aisément le scrutin de liste, toute institution humaine a ses défauts, mais l'initiative individuelle et locale a su les atténuer pour la plupart par une transformation libre et volontaire en vote à deux degrés et en scrutin par arrondissement. Cette transformation libre et volontaire a concilié les avantages du vote à deux degrés et du scrutin par arrondissement avec le principe démocratique du scrutin de liste ; et cela, en opposant une barrière infranchissable au trafic des votes.

Sous l'empire, on ne pouvait poser sa candidature sans un débours minimum d'une dizaine de mille francs. La représentation devenait ainsi l'apanage de la richesse. Nous tendions vers les mœurs anglaises des plus mauvais temps. A chaque élection générale, on constatait la marche ascendante des frais de candidature ; en dernier lieu, les élus avaient déboursé, les uns 30,000 francs, d'autres 60,000, d'autres encore 100,000. Enfin, tout le monde a sur les lèvres le nom de ce favori de l'empereur dont l'élection coûta directement ou indirectement 2 millions au trésor.

Si l'élu est l'homme qui peut ouvrir gratuitement le plus de cabarets... si l'exercice de la souveraineté se transforme en droit de se soûler aux frais du candidat... Si les rivaux luttent, non à coups de raisons, mais à coups de petits verres... notre démoralisation sera bientôt complète, et de la seule vertu publique que nous possédions encore, il ne restera plus rien.

La nomination du Sénat par les conseils généraux, c'est la consécration, comme institution permanente, de la loi si sage et si républicaine de M. de Tréveneuc, présentement destinée à pourvoir à des circonstances exceptionnelles.

Un tel Sénat serait un inexpugnable rempart contre les envahissements du pouvoir central. Le vampire du gouvernement unitaire qui nous a sucés jusqu'au sang sous Louis XIV, sous la Convention, sous les Bonaparte, sera muselé pour toujours.

La nomination des sénateurs par les conseils généraux, soutenue par le scrutin de liste, serait un premier pas vers la transformation des départements en petites républiques, indépendantes pour tout ce qui ne ressort point des grands inté-

rêts nationaux ou sociaux. La vie politique s'é-
veille dans toute la France, la conciliation de
l'ordre et de la liberté clôt l'ère des révolutions (1).

LES FRÉQUENTES ÉLECTIONS.

Au premier abord, les fréquentes élections sem-
blent le remède indiqué contre la représentocratie.

Malheureusement, le remède peut devenir pire
que le mal. Les graves inconvénients des fréquentes élections sont évidents :

Désorganisation des services publics.

Agitation en permanence.

Abandon du terrain politique par les hommes
de travail, — d'où tyrannie des minorités turbu-
lentes.

Aux débuts de la Révolution, si les orages populaires écartaient les timides des sections en per-
mence, la passion politique y entraînait du moins
la majorité des citoyens. Une telle assiduité aux
réunions publiques ne pouvait durer, car on vit
de soupe et non de harangues. Les hommes laborieux, les pères de famille durent abandonner
les séances, afin de pourvoir aux besoins des leurs.
Les sections devinrent le rendez-vous des fai-

(1) Voir *République rurale*, P. BRANDAT.

néants et des déclassés. On y fit naturellement des motions insensées. Plus les sections devinrent forcenées, plus les gens sérieux s'en écartèrent; plus les hommes de travail et d'industrie se tinrent à l'écart, plus la lie domina. Les meneurs prolongeaient les séances fort avant dans la nuit, afin de lasser leur auditoire et de rester seuls au moment du vote. Bref, toute décision fut prise, au nom de chaque section, par quinze ou vingt personnes. Ainsi, ces fameuses sections en permanence, qui, théoriquement, représentaient le peuple toujours debout sur le forum, aboutissaient dans la pratique à la domination d'un millier de coquins.

Tel sera toujours le résultat, quand la vie publique usurpera une place trop grande dans la vie privée.

Des élections trop fréquentes éloignent des urnes la population laborieuse, c'est-à-dire le vrai peuple, et livrent les élections à une poignée de fainéants; c'est le règne de *l'asinocratie*, comme disait Desmoulins.

D'autre part, les assemblées à longue échéance tournent fatalement à la représentocratie. Les élus perdent chaque jour de plus en plus le sens de leur mandat, et ne tardent pas à ne représenter en rien la nation. Quand l'Assemblée s'en aperçoit, loin de se rendre aux aspirations du pays, elle s'efforce de les étouffer, et d'assujetir la volonté nationale à sa volonté particulière. Plus elle tyrannise, plus elle devient antipathique ; plus elle est antipathique, plus elle est conduite à tyranniser. L'hostilité grandit ainsi entre le peuple et la représentation jusqu'à la catastrophe finale : Révolution ou Coup d'état.

ÉLECTIONS PARTIELLES.

La démocratie est fatalement condamnée à louvoyer entre ces deux écueils : élections fréquentes, c'est le règne de la démagogie ; élections à long terme ; c'est le despotisme représentocratique.

Trouver un juste tempérament entre ces deux extrêmes est un des problèmes les plus ardus de la science politique. Le renouvellement partiel, ou *roulement*, en est, sans doute, une des meilleures solutions (1). C'est le moyen de donner fréquemment la parole à la nation sans éloigner les électeurs laborieux des urnes par des dérangements répétés. Le renouvellement partiel, adopté en 1871, nous eût évité les embarras de l'heure présente ; il fut repoussé, malgré l'insistance de divers publicistes préservés de l'aveuglement général par leurs études historiques.

Malheureusement, le renouvellement partiel,

____

(1) En admettant, avec le colonel Denfert, que le renouvellement se fasse par départements qui votent en entier à tour de rôle.

institution toute démocratique, n'entrait pas dans les plans de M. Thiers, le plus routinier des hommes.

Les républicains, enivrés de quelques élections favorables, lâchèrent la proie pour l'ombre. Au lieu de cheminer avec lenteur, mais certitude, ils préférèrent jouer un grand coup, et demander une dissolution qu'ils attendent encore... non sans anxiété; car leur fausse manœuvre dans cet important débat permit plus tard aux orléanistes de nous conduire à l'abîme de l'ordre moral, dont la conséquence semble être une prochaine restauration bonapartiste.

Les droitiers montrèrent seuls alors un vrai sens politique; la haine les rendit clairvoyants, ils le comprirent du reste : Le renouvellement partiel, c'est la République définitive, irrévocable.

A cette époque, les bonapartistes ne comptaient pas, M. de Broglie ne leur avait pas encore tendu la main pour les retirer de la boue, malpropreté dont il aura grand'peine à se blanchir — les passions du centre droit ne s'étaient pas encore exaltées jusqu'à la démence — l'occupation du territoire obligeait à quelque pudeur. M. Thiers jouissait alors d'un prestige immense et disposait d'assez d'ambassades pour arracher aux hésitants cette mesure conciliatrice... M. Thiers et les gauches, s'unissant à l'opinion publique, étaient en ce moment assez forts pour imposer le renouvellement partiel comme loi constitutionnelle, — condition impérieuse de sécurité sous le régime républicain.

Nous souffrons de la privation de ces trois biens si nécessaires à la nation française : SÉCURITÉ, ÉGALITÉ, LIBERTÉ.

Pas de sécurité sans continuité dans le gouvernement.

Le renouvellement en bloc de l'organe de la souveraineté, c'est l'instabilité.

Le besoin de sécurité est le grand cheval de bataille des monarchistes ; il est satisfait, disent-ils, par la continuité dans le gouvernement, assurée elle-même par le principe d'hérédité.

La monarchie, ajoutent les constitutionnels, n'est pas incompatible avec la liberté ; on est aussi libre en Angleterre qu'en Amérique.

Il faut l'avouer, on peut jouir d'une très-grande liberté sous la monarchie constitutionnelle ; devant l'exemple de l'Angleterre, toute dénégation est inutile. On peut être très-opprimé sous le régime républicain ; 93 et 1874 en sont la preuve irréfutable.

Ce n'est pas avec la liberté, c'est avec l'égalité que la monarchie constitutionnelle est incompatible. Une monarchie constitutionnelle viable s'appuie sur une aristocratie, intermédiaire nécessaire entre le peuple et le trône.

C'est notre amour de l'égalité qui nous impose la République comme forme de gouvernement.

Or, qu'est-ce que la République ?

Sous la monarchie pure la Nation aliène sa souveraineté entre les mains du Roi.

Sous la monarchie constitutionnelle, la Nation délègue partie de sa souveraineté à des assemblées qui la représentent, partie de sa souveraineté à un magistrat héréditaire.

Sous la République, la Nation confère sa souveraineté à des délégués temporaires constitués en Assemblées.

La continuité dans le gouvernement est, avons-nous dit, la condition nécessaire de la sécurité ; donc, dans une République, il faut introduire le principe de la continuité dans le régime des assemblées. Comment l'introduire si ce n'est par le renouvellement partiel ?

Déjà, pour la constitution des conseils généraux, nous avons adopté cette mesure de sagesse.

La plupart des États de l'Union ont fait du roulement la base de leurs constitutions particulières. Le Sénat du gouvernement fédéral se renouvelle par tiers. En Suisse, le renouvellement partiel joue un rôle non moins considérable. Ce sytème a donc pour lui non-seulement la logique, mais la pratique d'une longue expérience chez les peuples qui ont le mieux compris les institutions républicaines.

La constitution de l'an III porte : l'un et l'autre conseil est renouvelé tous les ans par tiers.

LES ÉLECTIONS CONTINUES.

La rage de la métaphysique politique est un des traits saillants de notre caractère national. Tandis que les Anglo-Saxons, sous ce rapport essentiellement positivistes, travaillent sans cesse à mettre leurs institutions en harmonie avec les faits et les besoins du jour, les Français, possédés de la manie du *Bien absolu,* visent à fonder leurs institutions sur des bases exclusivement rationnelles. Cette ambition, très-noble, il y aurait injustice à le méconnaître, n'en est pas moins un danger; on peut la considérer comme une des principales causes de nos maux depuis 89.

Tandis que nous perdons notre temps à tenter de bâtir dans les nuages, nos rivaux qui ont prosaïquement jeté leurs fondations sur le roc, achèvent patiemment pierre à pierre leur édifice, et atteignent déjà ces hauteurs où nous cherchons si puérilement une base.

Ne pourrions-nous pas, à leur exemple, préparer l'avenir avec les matériaux du présent?

Nous ne nous préoccupons pas dans cette étude du pouvoir exécutif fixé d'ailleurs par la loi du 20 novembre; à notre avis, l'affaire capitale, dans une République, est l'organisation de la représentation nationale. Cette difficulté vaincue, le reste va de soi.

Est-il impossible de transformer en institution définitive la seule institution dont nous jouissions aujourd'hui ?

Toute l'économie du gouvernement repose sur deux lois :

1º La loi du 20 novembre ;

2º La loi qui ordonne de pourvoir, dans la période de six mois, au remplacement de tout député décédé.

Cette dernière loi est notre seule protection contre le despotisme omnipotent de l'Assemblée.

Les députés, bien qu'infaillibles et souverains, sont mortels. Les députés mourant comme le vulgaire, et la loi ordonnant de les remplacer, nous avons été conduits au régime des *élections continues*.

Qui sait?... Peut-être le hasard nous a-t-il mis sur la voie de la forme constitutionnelle le plus en rapport avec les circonstances et la mieux appropriée à notre génie démocratique?

Pourquoi, en effet, ne point consacrer une institution qui a déjà si profondément pénétré dans nos mœurs?

La constitution tiendrait en trois lignes :

1º Pouvoir exécutif : Un Président du conseil des ministres toujours révocable ;

2º Renouvellement continu de l'Assemblée,

département par département. Un département étant sans cesse appelé aux urnes chaque premier et troisième dimanche du mois.

Le septennat, dans cette hypothèse, deviendrait un bienfait en nous assurant une période de calme suffisamment longue pour nous assimiler la nouvelle institution.

La Chambre se trouverait ainsi renouvelée dans moins de quatre années.

La vie politique aurait un cours régulier. — Plus de secousses, plus d'entraînements possibles.

C'est le peuple en permanence, en évitant l'écueil des fréquentes élections, — c'est l'extrême démocratie conciliée avec l'extrême conservation.

On resserre les liens de la solidarité nationale, en confiant à chaque département, tour à tour, le droit de parler au nom du pays.

Le département s'élève à la dignité d'élément politique, — chose inconnue dans ce pays. Et cependant un élément politique est un intermédiaire nécessaire entre le citoyen et le pouvoir central.

C'est accroître la dignité du citoyen en augmentant la valeur de son vote.

On réalise ainsi, dans la mesure du possible, le mandat impératif, la censure girondine, la législation directe des montagnards.

1° Le mandat impératif. Par les élections continues, les questions vagues et générales sont écartées. Toujours, au moment d'une élection, il s'agira de trancher un débat important mais très-précis : Service obligatoire effectif, instruction obligatoire, décentralisation, impôt sur le capital... Il ne s'agit plus cette fois de théories métaphysiques ni de promesses en l'air ; la rédaction d'un mandat devient alors la chose la plus simple du monde. Le mandat impératif entre naturellement dans la pratique, il s'impose même dans cette situation.

2° C'est la censure girondine en ce sens que le citoyen confirme ou infirme très-immédiatement par son vote la marche du gouvernement.

3° C'est la législation directe, ce rêve des ultra-démocrates, car le peuple intervient ainsi à toute heure et directement dans la législation. Il consolide la majorité quand elle marche avec le pays, et la déplace au moment même où elle tend à s'en écarter ; *il délibère sur les lois,* comme le veut la constitution de 93, et prend *lui-même* à leur formation une part effective.

Dans ce système, ce n'est plus une chambre haute, c'est la nation qui, parlant sans cesse par une fraction importante d'elle-même, refrène l'inévitable tendance à la tyrannie de toute assemblée populaire.

La nation, au lieu de déléguer sa souveraineté pour un temps limité à quelques hommes omnipotents, la confie successivement au peuple de chaque département.

La consécration du principe des élections continues, comme loi constitutionnelle, rassurerait le pays affolé et l'arrêterait dans sa marche rapide vers le césarisme.

L'égoïsme de M. de Broglie nous a mis à deux doigts de notre perte; mais à l'heure décisive, on trouvera, en dehors des ambitieux attelés au char de cet homme funeste, assez d'âmes fières pour repousser, avec les républicains, la honte de l'empire. Il existe, il est vrai, dans le Parlement nombre de bonapartistes honteux, vernissés pour le moment de légitimisme ou d'orléanisme, tout prêts à passer armes et bagages dans le camp de l'appel au peuple..., le jour où il aurait chance de succès. Le fait est hors de doute. Néanmoins, les partisans du duumvirat Broglie-Rouher, composeront toujours une minorité dans la droite; et, bon gré, mal gré, les gens qui n'ont point toute honte bue se réuniront aux républicains pour écraser la pieuvre impériale.

Les républicains ont pour leur ligne de conduite un critérium infaillible : jamais — à part la thèse, obligatoire pour les césariens, du suffrage universel — ils ne commettront d'erreur en prenant le contre-pied des résolutions bonapartistes. Les bonapartistes ont voté la dissolution de l'Assemblée; donc la dissolution de l'Assemblée compromet la République.

Le débat est aujourd'hui restreint entre l'Empire et la République; tout ce qui ne veut positivement pas de l'empire travaille pour nous. Le comte de Montalembert l'a dit, et l'on ne saurait trop répéter les paroles de cet homme considérable :

« *Correspondant*, *mai* 1865.

« Il s'agit dans les faits contemporains non de de préférences, mais d'enseignements. On n'est pas maître ici-bas de choisir entre les choses qui plaisent ou qui déplaisent, mais entre les choses qui sont. Je n'ai point à raisonner ici avec ceux qui n'ont pas fait leur deuil du passé politique de l'ancien monde, avec ceux qui rêvent encore une reconstruction théocratique, monarchique ou aristocratique de la société moderne. Je comprends tous les regrets, j'en partage plus d'un ; j'en honore beaucoup parmi ceux que je ne partage pas... Cela dit, je prétends n'offenser personne et même dire un lieu commun presque trivial à force d'être évident, en constatant que le monde moderne est échu à la démocratie, et qu'il n'a plus qu'à choisir entre deux formes de démocratie, mais deux formes qui diffèrent autant que la nuit et le jour, entre la démocratie disciplinée, autoritaire, plus ou moins incarnée en un seul homme tout puissant, et la démocratie libérale, où tous les pouvoirs sont contenus et contrôlés par la publicité illimitée et par la liberté individuelle, en d'autres termes, entre la démocratie césarienne et la démocratie américaine. On voudrait bien prendre ni l'une ni l'autre. On aimerait mieux autre chose. Soit. Cela se comprend.

Les délicats sont malheureux. Mais ce n'est pas une raison pour qu'ils deviennent aveugles et impuissants. Encore une fois il faut choisir, et on nè peut choisir qu'entre ces deux termes. Tout le reste n'est que fantaisie d'utopistes ou regrets d'archéologues, fantaisies et regrets infiniment respectables peut-être, mais parfaitement stériles. On le sait assez, mon choix est fait, et je le suppose fait de même par ceux à qui je voudrais parler ici.

« Montalembert. »

L'épée de Damoclès suspendue sur nos têtes, sous forme d'élections générales en 1852, a fait la fortune du coup d'État. C'est encore la peur de l'inconnu, la terrible énigme des élections générales qui nous valent les élections de la Nièvre et du Calvados. Comment envisager sans effroi cet événement immense, *les élections générales !! !...* Que sortira-t-il de ces urnes mystérieuses où des populations affolées vont jeter leurs bulletins?... Quand vous soumettez à de pareilles commotions un peuple affamé de sécurité, vous le forcez à chercher un refuge dans la trompeuse tranquillité de l'empire.

Une Assemblée à longue échéance, c'est le barrage d'un grand fleuve ; les élections générales, c'est la rupture de la digue, un cataclysme. Les élections continues, c'est le cours régulier qui porte partout l'abondance et la vie.

Le développement continu n'est-il pas la loi générale de la nature bienfaisante?... Cette loi peut-elle être enfreinte sans désastres?

Dans le monde de la démocratie, le progrès normal, sans à-coup, sans ébranlements funestes au travail, aux opérations à longue échéance, aura pour principal caractère :

Une Assemblée perpétuelle conservant la tradition;

Dont la plupart des membres connaissent les affaires pour les avoir discutées dans les commissions et les séances publiques;

Se retrempant sans cesse dans l'opinion par des élections continues;

Consultant à toute heure la volonté nationale sur les grosses questions du jour.

D'une part, la perpétuité de l'Assemblée arrête les entraînements populaires? De l'autre, la permanence des élections empêche la représentation de tyranniser le pays.

Jamais les élections générales ne donneront une expression fidèle de la pensée publique, parce qu'elles ont toujours lieu sous la pression d'un grand événement, sous l'influence de la peur. L'élection terminée, la volonté nationale est enchaînée sans retour. On s'aperçoit vainement de sa méprise, il ne reste plus aux sujets qu'à obéir passivement à leurs maîtres.

L'Assemblée actuelle, au moment de son élection, représentait-elle fidèlement le pays ? — Oui et non.

Oui. — Car elle exprimait avec une vérité parfaite la volonté publique sur une question très-spéciale : Paix ou Guerre. Or, sans aucun doute, à tort ou à raison, le pays, comme l'Assemblée, voulait la paix. La nation à cet égard avait formulé un mandat impératif... la représentation y fut fidèle.

Non. — Car le peuple, absorbé par cette affaire capitale : la Paix, ne s'était malheureusement pas préoccupé de définir sa volonté sur la forme du gouvernement.

Aujourd'hui, l'Assemblée, modifiée par des élections partielles, représente-t-elle mieux la nation? — Tout homme de bonne foi n'hésitera pas à répondre par l'affirmative.

Chaque jour le parlement, par l'adjonction de nouveaux membres, tend à se mettre en harmonie avec la volonté nationale... Et si les élections continues se pratiquaient d'une façon suffisamment fréquente et régulière, l'accord entre la représentation et le peuple serait bientôt parfait.

En 1871, sur cette question capitale : Paix ou Guerre, les députés reçurent un vrai mandat impératif; il est bon de le rappeler, car le fait est important. Hors de là, jamais mandataires ne furent plus étrangers à leurs mandants.

En 1871, des campagnes bonapartistes et des villes républicaines nommèrent une Assemblée orléano-légitimiste; cette épreuve condamne définitivement les élections générales.

Si, vers la fin de 1873, après les tripotages de la commission des neuf, on eût procédé à des élections générales, le pays, dans un accès de colère, eût nommé une seconde Convention.

En août 1874, les élections générales eussent donné gain de cause à l'empire.

Est-ce à dire que la France était légitimiste en 1871, conventionnaliste en 1873, bonapartiste en 1874?

Non, rien de tout cela. — La France demande la sécurité, l'égalité politique, un peu de liberté, voilà tout.

En 1871, les élections ont dit : Nous voulons la paix.

En novembre 1873, elles eussent crié : Nous ne voulons pas de la domination des nobles et des prêtres.

En août 1874, elles auraient hurlé : Nous sommes las des misérables querelles de vos prétendants, des odieuses intrigues du duumvirat Broglie-Rouher; nous voulons la tranquillité à tout prix.

Le suffrage universel donne une parfaite expression de la volonté publique, quand on lui pose une question précise : ce fait admis, la théorie du renouvellement continu ne saurait être contestée.

Dans les élections générales, tout est en question : gouvernement, ordre social. Que peut répondre un pauvre diable d'électeur sommé de formuler un programme complet sur les questions les plus abstruses? — Souvent il votera contre ses propres idées ; c'est ce qui arrive au paysan. Le paysan (à vrai dire, il l'ignore) est républicain jusqu'à la moelle ; il faut ne pas le connaître pour soutenir le contraire. Cependant les habiles s'arrangent toujours à le faire voter pour des opinions qui sont précisément le contre-pied des siennes.

Quoi! parce qu'il a plu à M. de Broglie de mettre toutes les forces du gouvernement au service de M. Rouher, nous serions condamnés sans rémission au bagne de l'empire!

D'une part, il est temps de rendre la parole à la France ; de l'autre, il est nécessaire de la mettre en garde contre un entraînement irréfléchi. Si pendant six années la France persiste à demander l'empire, il faudra bien se courber, et attendre l'invasion nouvelle qui nettoiera la carte de l'Europe de cette honte des nations. Ce sera la digne et certaine conclusion du pacte par lequel les *honnêtes gens* ont livré la direction du pays aux bonapartistes.

Dans le système des élections continues, la sécurité ne peut être un instant compromise ; or, la sécurité est la première condition pour penser avec liberté et agir avec intelligence. Les électeurs confirment ou infirment les tendances bien connues de la représentation ; on part d'une base bien déterminée, c'est là un avantage immense. Porter un jugement sur ce qu'on a sous les yeux est autrement aisé que d'avoir un *credo* politique. Tout électeur sait fort bien s'il veut voir le gouvernement existant marcher dans un sens ou dans l'autre. Dans les élections générales, quand le résultat est connu, la moitié des votants voudrait changer son bulletin.

Des assemblées issues d'élections générales donnent toujours une fausse représentation de l'opinion publique. parce qu'elles sont nommées par les passions et la peur. Convoquer les comices sur toute l'étendue de la République sera toujours effrayer les timides et surexciter les violents. D'après la disposition du jour on aura irrévocablement, sans remède, des Conventions ou des Assemblées d'ordre moral.

Les élections générales enlèvent à la nation la ressource du repentir. Si, dans l'état d'ahurissement où l'a plongée l'immorale coalition du 24 Mai, la France votait l'empire, il faudrait encore l'estimer assez pour croire que, revenue à elle, elle aurait horreur de son vote. Quand on est entré dans le césarisme, 1814, 1815, 1870 nous apprennent ce qu'il en coûte pour en sortir.

Le résultat du 8 Février 1871 devrait nous guérir à jamais de ces jeux de hasard. N'est-ce pas un phénomène bien digne de méditation de voir un pays exclusivement partagé entre la démocratie césarienne et la démocratie libérale, nommer une assemblée légitimiste?... Fait étrange, mais certain, dans ce jour de malheur, suivant l'expression de M. Beulé, chaque parti envoya à la chambre un nombre de députés inversement proportionnel au nombre de ses adhérents.

Le plébiscite et les élections générales ne sont que l'hypocrisie de la démocratie.

Que les bonapartistes espèrent tirer le gros lot à cette loterie politique, nous le comprenons à merveille; nous, républicains, nous devons tout attendre du temps, du calme, de la réflexion.

Le Temps et la Mort, voilà nos deux grands auxiliaires.

La Mort ! c'est l'infaillible agent du Progrès par le renouvellement continu des générations... Chaque jour la terre engloutit de nouveaux partisans de l'impérialisme,—grâce à Dieu, c'est une graine qui ne pousse plus.

Toute la politique républicaine doit reposer sur ce fait :

Sur quatre morts, en moyenne, trois appartiennent à l'ordre moral ;

Sur quatre jeunes gens qui arrivent à l'âge du droit politique, trois sont républicains.

Patience ! l'avenir est à nous.

Quant à nous, dont les cheveux grisonnent, quand notre tour sera venu, que cette pensée console notre dernière heure : NOUS MOURONS, NOTRE CAUSE EST IMMORTELLE.

BLANDAT.

Septembre 1874.

HISTOIRE DES PAYSANS

PAR EUGÈNE BONNEMÈRE

2ᵉ Édit. entièrement refondue et considérablement augmentée.

2 vol. in-18 jésus . . . . **7** fr.

LA FRANCE SOUS LOUIS XIV

(1643—1715)

Par **Eugène BONNEMÈRE**

Nouvelle édition. 2 vol. . . . . **10** fr.

MANUEL DE DROIT PUBLIC

A L'USAGE DU CITOYEN

Par **S. BURY**

1 vol. in-12 . . . . **4** fr.

I. Institutions politiques des principaux peuples d'Europe et d'Amérique. — II. Droit public de la Confédération Suisse. — III. Droit public du canton de Vaud.

DE LA DÉMOCRATIE EN SUISSE

Par **A.-E. CHERBULIEZ**

2 vol. in-8º (1843) . . . . **5** fr.

UN COLLABORATEUR DE MIRABEAU

Documents inédits précédés d'une Notice

Par **Pir. BLAN**

1 vol. in-12 . . . . **2** fr. **50**

SAINT-DENIS. — IMPRIMERIE J. BROCHIN.